Fenchel-Apfelmuffins mit Petersiliendip 34

Blumenkohlterrine mit Chia-Kaviar 36

Brokkolipäckchen mit Chili-Mayonnaise 38

Nusstofu im Zucchinimantel auf Cranberry-Spiegel 40

Frikadelle mit Erdnusssauce . . . .

Desserts und Drinks

Panna Cotta weiß und schoko mit Himbeerpüree . . . .

Mousse au Chocolat 46

Melonen-Granitas 48

Cremiges Heidelbeer-Nuss-Eis 50

Marzipan-Kokospralinen 52

Wärmender Ingwer-Feldsalat-Smoothie 54

Gurken-Minze-Lassi 56

Selbstgemachte Rhabarberschorle 58

Rooibo-Cino 60

Ginger Ale 62

Register / Impressum 64

Low-Carb

- Low-Carb ist die englische Bezeichnung für „wenige Kohlenhydrate", was bedeutet, dass bei dieser Ernährungsform besonders darauf geachtet wird, die tägliche Kohlenhydratzufuhr gering zu halten. Ein Vorteil dieser speziellen Ernährung ist, dass keine rapiden Insulin-Anstiege und -Abfälle im Blut entstehen, die für unsere Heißhunger-Attacken verantwortlich sind.

- Kohlenhydrate sind neben Eiweißen und Fetten der Hauptbestandteil unserer Nahrung. Zu den Kohlenhydraten zählen vor allem die Zucker und Stärken. Man findet sie in großen Mengen in Nudeln, Reis, Brot, Kartoffeln, Süßigkeiten, süßen Getränken und Fertigprodukten, die man deshalb bei einer Low-Carb-Ernährung ausschließen oder ersetzen, zumindest aber reduzieren sollte.

- Über 200 g Kohlenhydrate nehmen Menschen in Deutschland im Durchschnitt täglich zu sich. Das bedeutet, Kohlenhydrate machen etwa 50 % der vom Körper in Energie umgewandelten Bestandteile unserer Nahrung aus. Bei der Low-Carb-Ernährung soll dieser Prozentsatz reduziert werden. Als Richtwert gilt die Aufnahme von ca. 100 g Kohlenhydrate / Tag. Abweichungen nach oben bzw. unten sind nach individuellen Bedürfnissen und Erfordernissen natürlich möglich, teilweise sogar erwünscht oder notwendig.

- Legen Sie sich eine Vorratskammer an. Es empfiehlt sich, Nüsse, Kerne, Samen, Olivenöl, Apfel- und Weißweinessig, Kokosraspel, Sojaprodukte, flüssiges Süßungsmittel oder Stevia und Mandeldrink zu Hause zu haben. Ebenso ist ein Vorrat an gefrorenen, ungesüßten Beeren empfehlenswert.

- Da die meisten Mehlsorten nicht erlaubt und Alternativen oft sehr teuer sind, gilt es also, sie kreativ zu ersetzen. Gemahlene Mandeln, Kokosraspel, Leinsamen und Kerne eigenen sich dafür sehr gut.

- Zum Würzen sind eigentlich alle gängigen Gewürze zu empfehlen, obwohl einige von ihnen recht kohlenhydratreich sind. Aber da sie nur in extrem geringen Mengen konsumiert werden, sind sie dennoch erlaubt, und man kann für ihre Verwendung einfach 1 g Kohlenhydrate zum Tagesverbrauch hinzurechnen. Hervorragend eignen sich auch ungesüßter Senf oder Zitronensaft.

- Nehmen Sie drei Mahlzeiten pro Tag zu sich. Besonders das Abendessen sollte kohlenhydratarm sein und nicht zu spät eingenommen werden.

Gemüse- und Obstsorten
für Low-Carb

Kohlenhydrate in g/100 g
(die Nährwertangaben können nur ungefähre Richtwerte wiedergeben)

gut geeignet:							
Algen	2	Aprikose	8	Aubergine	2	Avocado	2
Blumenkohl	2	Brokkoli	2	Brombeere	4	Erdbeere	5
Fenchel	3	Grapefruit	9	Gurke	2	Heidelbeere	7
Himbeere	5	Johannis-beere, rot	8	Knollensellerie	2	Kohl	2
Orange	9	Papaya	4	Pfirsich	9	Radieschen	2
Rhabarber	2	Salate	1-2	Spargel	2	Spinat	1
Tomaten	3	Wasser-melone	9	Zucchini	2	Zuckermelone	9
Zwetschke	9						
mittelmäßig gut geeignet							
Apfel	12	Birne	12	Gemüsepaprika	5	Karotte	4
Kiwi	11	Kohlrabi	4	Kürbis	5	Mango	13
Nektarine	13	Zwiebel	4				
nicht geeignet							
Banane	21	Erbsen	13	getr. Gemüse	> 50	getr. Obst	> 50
Kaki	16	Kartoffel	15	Kichererbsen	48	Linsen, rot	50
Weintrauben	15	Zuckermais	15				

Veganes Rührei

Nährwerte

kcal	kJ	prot	fett	carb

pro Portion

147	618	10 g	10 g	4 g

Zutaten

2 EL Pflanzenöl
400 g Tofu
½ Paprikaschote
(alternativ Zucchini)
4 Champignons
2 Frühlingszwiebeln
Kurkuma (alternativ
Currypulver)
4 Cocktailtomaten
Salz, Pfeffer
Schnittlauch zum
Bestreuen

Zubereitungszeit
15 Min.

1. Das Pflanzenöl in einer Bratpfanne erhitzen, den Tofu dabei hineinbröseln (nicht zu kleine Stückchen) und etwas anbraten lassen, bis er schön Farbe annimmt.

2. In der Zwischenzeit Paprika, Champignons und Frühlingszwiebeln schneiden. Den Tofu mit Kurkuma würzen, bis er goldgelb ist.

3. Das Gemüse hinzufügen und etwas mitbraten. Zuletzt die geviertelten Tomaten hinzugeben und mit Salz und Pfeffer würzen.

4. Mit in Röllchen geschnittenem Schnittlauch garnieren.

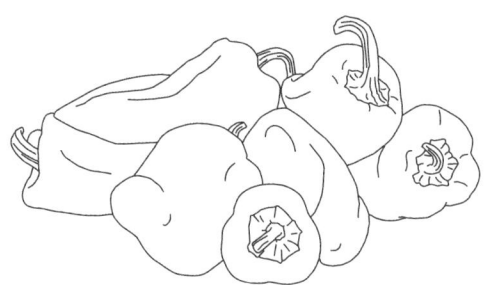

Knusper-Müsli

Nährwerte

kcal	kJ	prot	fett	carb
pro Portion				
525	2198	10 g	46 g	12 g

Einfach auf Vorrat zubereiten und mit frischem Obst, Sojajoghurt, Soja- oder Mandelmilch genießen.

Zutaten
30 g Leinsamen, geschrotet
50 g Leinsamen, gemahlen
100 g Kokosraspel
75 g Sonnenblumenkerne
50 g Kürbiskerne, schalenlos
25 g Pinienkerne
50 g Mandeln, gehackt
25 g Walnüsse, gehackt
etwas Süßstoff, flüssig
1 Prise Salz

Zubereitungszeit
45 Min. + Einweichzeit

1. Den geschroteten, nicht gemahlenen Leinsamen in wenig Wasser bedeckt für etwa 30 Minuten einweichen.

2. Den gemahlenen Leinsamen, die Kokosraspel, die Sonnenblumen-, Kürbis- und Pinienkerne sowie die gehackten Mandeln und Walnüsse unterrühren, bis eine klebrige Masse entsteht. Bei Bedarf noch etwas Wasser hinzugeben.

3. Mit Süßstoff und einer Prise Salz abschmecken.

4. Den Backofen auf 180 °C vorheizen. Das Backblech mit Backpapier auslegen und die Masse gleichmäßig darauf verstreichen.

5. Bei 180 °C Umluft etwa 30 Minuten auf mittlerer Schiene goldbraun backen. Die Masse mit einem Kochlöffel zerkrümeln und durchmischen, danach nochmals für 10 Minuten backen.

6. Das Müsli vom Blech nehmen und in einer Schüssel auskühlen lassen.

Tipp: Statt der gehackten Mandeln kann auch Mandelmehl verwendet werden. Es ist entölt und hat dadurch weniger Kalorien, dafür ist es leider deutlich teurer. Durch Sojaflocken kann man einen Teil der Kokosraspel ersetzen, sollte einem der Kokosgeschmack zu dominant sein.

Nuss-Kokos-Riegel

Nährwerte

kcal	kJ	prot	fett	carb
			pro Riegel	
232	964	11 g	17 g	9 g

(10 Riegel)

Zutaten

20 g Leinsamen, gemahlen
1 TL Johannis-brotkernmehl
200 g Mandeln, gemahlen
6 EL Proteinpulver
300 ml Mandelmilch
100 g Kokosraspel
25 g Haferflocken
4 Spritzer Süß-stoff, flüssig
½ TL Stevia
1 Prise Salz
1 Msp. Vanille
Mandelblättchen oder Sesam für die Deko

Zubereitungszeit
45 Min.

1. Den Backofen auf 180 °C Umluft vorheizen und das Backblech mit Backpapier auslegen.

2. Den Leinsamen in wenig Wasser bedeckt etwa 5 Minuten einweichen.

3. Für den Teig alle festen und flüssigen Zutaten gut mit dem Leinsamen verrühren, sodass ein zähflüssiger Teig entsteht. Sollte er zu trocken bzw. fest sein, einfach etwas mehr Mandelmilch hinzufügen.

4. Den Teig gleichmäßig auf dem Backblech verteilen und mit Mandelblättchen (wahlweise Sesam) bestreuen. 10 Minuten auf der mittleren Schiene backen. Das Blech aus dem Ofen nehmen, die Teigplatte etwas auskühlen lassen und mit einem scharfen Messer in 12 Rechtecke schneiden. Weitere 15–20 Minuten backen, bis die Riegel goldbraun sind.

5. Auskühlen lassen und genießen.

Tipp:

Wer es schokoladig mag, kann die Vanille durch 2 TL Kakao ersetzen.

Nuss-Nougat-Aufstrich

mit Mohnbrötchen

Nährwerte

kcal	kJ	prot	fett	carb

pro Portion

820	3440	30 g	74 g	11 g

Zutaten
Aufstrich:
200 g Haselnüsse,
ganz oder gemahlen
10 ml Süßstoff, flüssig
200 ml Mandelmilch
60 g Kakaopulver, roh
1 Prise Salz

Brötchen (8 Stück):
100 g Leinsamen,
fein gemahlen
200 ml Wasser
2 TL Backpulver
200 g Mandeln,
gemahlen
1 TL Salz
1 EL Rapsöl
etwas Mohn

Zubereitungszeit
5 Min. Aufstrich
45 Min. Brötchen

1. Für den Nuss-Nougat-Aufstrich die Haselnüsse in einer Kaffeemühle zerkleinern (oder bereits gemahlene Haselnüsse verwenden), bis eine feine Masse entsteht.

2. Die Nussmasse in eine Schüssel geben. Süßstoff, Mandelmilch, Kakaopulver und Salz unterrühren.

3. Alles mit dem Pürierstab zu einer Creme schlagen.

4. Nach Geschmack noch etwas Süßstoff dazugeben.

5. Für die Mohnbrötchen den Leinsamen im Wasser 5 Minuten quellen lassen. Währenddessen den Backofen auf 200 °C Umluft vorheizen.

6. Anschließend Backpulver, Mandeln, Salz und Rapsöl zu den Leinsamen hinzugeben und alles zu einem Teig verkneten.

7. Aus der Masse handflächengroße Brötchen formen. Mit dem Messer die Oberseite der Brötchen in Form eines Kreuzes einschneiden. Abschließend mit Mohn bestreuen.

8. Ein Backblech mit Backpapier auslegen und die Brötchen darauf verteilen. Auf mittlerer Schiene 25 bis 30 Minuten im vorgeheizten Backofen goldbraun backen.

Kürbiskernbrot

Nährwerte

kcal	kJ	prot	fett	carb

pro Portion

140	600	8 g	11 g	4 g

Zutaten
100 g Leinsamen
300 ml Wasser
150 ml Mandelmilch
50 g Weizenkleie
25 g Kürbiskerne
2 TL Backpulver
½ TL Salz

Zubereitungszeit
90 Min. + Quellzeit

1. Den Leinsamen im Wasser 4–5 Stunden quellen lassen (oder über Nacht).

2. Den Backofen auf 200 °C Umluft vorheizen. Das Backblech mit Backpapier auslegen.

3. Alle weiteren Zutaten zu dem Leinsamen-Wasser-Gemisch geben und zu einem Teig verkneten.

4. Aus dem Teig einen länglichen Brotlaib formen und vorsichtig auf das vorbereitete Backblech legen.

5. Etwa 60 Minuten auf mittlerer Schiene backen, dann die Hitze auf 150 °C reduzieren und weitere 20 Minuten backen.

Tipp: Dazu passen wunderbar Tomaten – entweder als Aufstrich, oder man verwendet das Brot als Grundlage für leckeres Tomaten-Bruschetta.

Himbeer-Chia-Pudding

Nährwerte

kcal	kJ	prot	fett	carb
pro Portion				
120	510	3 g	8 g	8 g

Zutaten

125 g Himbeeren
1 Apfel
1 TL Ingwer
1 Spritzer Zitronensaft
½ TL Süßstoff, flüssig
40 g Walnüsse, gemahlen
15 g Chiasamen
½ TL Nelken-Pulver
100 ml Wasser

Zubereitungszeit

20 Min. + Kühlzeit

1. Das Obst waschen. Ein paar schöne Himbeeren für die Deko zur Seite legen.

2. Den Apfel grob raspeln, die Himbeeren mit einer Gabel zerdrücken, den Ingwer schälen und sehr fein hacken.

3. Alles gut durchmischen und mit Zitronensaft und Süßstoff abschmecken.

4. Anschließend Nüsse, Chiasamen und Nelken-Pulver unterrühren und mit dem Wasser aufgießen.

5. Auf 4 Schälchen verteilen und 3 Stunden im Kühlschrank durchziehen lassen.

6. Den Pudding mit je einer Himbeere verziert servieren.

Heidelbeermuffins

Nährwerte

kcal	kJ	prot	fett	carb

pro Stück

170	820	6 g	16 g	10 g

ca. 8 Muffins

Zutaten
250 g Sojajoghurt
50 ml Rapsöl
100 g Mandelmehl, entölt
40 g Mandeln, gemahlen
1 EL Weizenkleie
½ Backpulver
1 Prise Salz
1 TL Bourbonvanille
60 g Birkenzucker
100 g Heidelbeeren
50 ml Mandelmilch, optional

Zubereitungszeit
60 Min.

1. Den Backofen auf 200 °C vorheizen. Das Muffinblech mit Papierförmchen bestücken.

2. Den Sojajoghurt mit dem Rapsöl vermengen. Die trockenen Zutaten miteinander vermischen.

3. Die trockenen mit den feuchten Zutaten vermischen und die Heidelbeeren unterrühren. Wenn der Teig zu trocken sein sollte, einfach noch etwas Mandelmilch dazugeben.

4. Den Teig in die Förmchen füllen und auf mittlerer Schiene 35–40 Minuten backen.

Papayasalat auf Selleriesteak

Nährwerte

kcal	kJ	prot	fett	carb

pro Portion

230	980	8 g	18 g	9 g

Die Papaya ist wegen ihres geringen Zuckergehalts eine gut geeignete Obstsorte für eine Low-Carb-Ernährung. Hinzu kommt noch, dass sie reich an Vitaminen ist.

Zutaten
1 Papaya
4 Frühlingszwiebeln
2 Stangen Staudensellerie
¼ Bund Pfefferminze
1 Bund Koriander
1 Handvoll Erdnüsse
2 EL Olivenöl
1 Sellerieknolle
½ Limette, entsaftet
2 EL Sesamöl
1 Prise Chilipulver
Salz, Pfeffer

Zubereitungszeit
35 Min.

1. Die Papaya schälen, halbieren, die Kerne entfernen und das Fruchtfleisch in Stifte schneiden.

2. Anschließend die Frühlingszwiebeln und den Staudensellerie waschen und in feine Ringe schneiden.

3. Die Pfefferminz- und Korianderblätter grob hacken.

4. 1 EL Olivenöl in einer Bratpfanne erhitzen und die Erdnüsse darin goldbraun anbraten, dann zur Seite stellen.

5. Die Sellerieknolle schälen und in ca. 5 mm dicke Scheiben schneiden. In derselben Pfanne mit 1 EL Olivenöl für 5 Minuten bei mittlerer Hitze anbraten.

6. Die Papaya mit den Frühlingszwiebeln, Staudensellerie, Kräutern und Erdnüssen vermischen. Den Limettensaft mit Sesamöl, Chilipulver, Salz und Pfeffer zu einem Dressing verrühren und darüber geben. Nochmals gut durchrühren.

7. Auf dem Selleriesteak anrichten und servieren.

Sauerkraut-Avocado-Gurken-

Makis

Nährwerte

kcal	kJ	prot	fett	carb

pro Portion

90	390	3 g	7 g	5 g

(32 Stück)

Zutaten
500 g Sauerkraut, roh
1 Avocado
1 Salatgurke
8 Noriblätter
Salz

Zubereitungszeit
20 Min.

1. Das Sauerkraut in einem Sieb abtropfen lassen und gut ausdrücken. Die Avocado der Länge nach halbieren, den Kern entfernen und das Fruchtfleisch mit einem Teelöffel herauslösen. In bleistiftdicke Streifen schneiden. Die Salatgurke halbieren, entkernen und ebenfalls bleistiftdick schneiden.

2. Die Noriblätter mit wenig Wasser bestreichen und in der Breitseite halbieren. Das halbe Blatt auf eine Bambusmatte legen und ein Viertel des Sauerkrauts darauf verteilen, dabei oben einen 2 cm breiten Rand lassen.

3. Die Avocado- und Gurkenstreifen leicht salzen und ein Viertel davon mittig auf das Sauerkraut legen.

4. Mit Hilfe der Bambusmatte das gefüllte Noriblatt mit etwas Druck von der unteren Längsseite her aufrollen. Auf diese Art auch die sieben weiteren Rollen formen.

5. Für die Makis jede Rolle in 4 gleich große Stücke schneiden und servieren.

Tipp: Das anstelle des kohlenhydratreichen Reis verwendete Sauerkraut kann auch durch gekochten, geraspelten Blumenkohl ersetzt werden.

Kräuterseitling-Sandwiches
mit veganem Frischkäse

Nährwerte

kcal	kJ	prot	fett	carb
pro Portion				
210	890	9 g	17 g	6 g

Zutaten
Frischkäse:
1000 ml Sojamilch,
ungesüßt
3 TL Weißweinessig
3 TL Zitronensaft
Salz, Pfeffer
etwas Pflanzen-
sahne (optional)
8 Oliven, schwarz
1 EL Kapern
1 Handvoll frische
Kräuter, gehackt
(Thymian, Rosmarin,
Oregano, Salbei usw.)

Sandwiches:
4 große
Kräuterseitlinge
2 EL Olivenöl
zum Braten
Salz, Pfeffer

Zubereitungszeit
40 Min.

1. Zuerst den veganen Frischkäse zubereiten. Dafür die Sojamilch mit Essig und Zitronensaft aufkochen. Die Hitze verringern und unter ständigem Rühren ca. 10 Minuten köcheln lassen, bis die Milch ausflockt.

2. In ein großes Sieb ein sauberes Baumwolltuch legen, die Sojamilch hineinschütten und die Tuchenden zusammendrehen. Den Inhalt immer wieder gut ausdrücken, bis eine feste Masse entstanden ist. In eine Schüssel umfüllen, mit Salz, Pfeffer und eventuell etwas Pflanzensahne vermengen.

3. Die Oliven und Kapern klein schneiden und zusammen mit den Kräutern unter den Frischkäse mischen.

4. Für die Sandwiches die Pilze putzen und längs in etwa 5 mm breite Scheiben schneiden.

5. In einer beschichteten Pfanne Olivenöl erhitzen und die Pilze von beiden Seiten kurz anbraten. Etwas salzen und pfeffern.

6. Jeweils aus zwei Pilzscheiben und etwas Frischkäse kleine Sandwiches formen und mit frischem Pfeffer dekorieren.

Pizza Rucola

mit Blumenkohl-Boden

Nährwerte

kcal	kJ	prot	fett	carb

pro Portion

kcal	kJ	prot	fett	carb
260	1138	7 g	12 g	6 g

Zutaten

Boden:
400 g Blumenkohl
20 g Leinsamen, gemahlen
1 Tl Johannisbrotkernmehl
50 g Mandeln, gemahlen
1 EL Olivenöl
½ TL Salz

Belag:
200 g Tomaten, passiert
2 EL Oregano, frisch (oder 1 EL getrocknet)
10 Kirschtomaten
Salz, Pfeffer
100 g Rucola

Zubereitungszeit
45 Min.

1. Den Leinsamen mit sehr wenig Wasser bedeckt 10 Minuten einweichen.

2. Den Blumenkohl waschen und in Röschen teilen. In leicht gesalzenem Wasser 2–3 Minuten blanchieren.

3. Anschließend die Röschen sehr kurz mit dem Pürierstab zerkleinern (alternativ funktioniert auch die Käsereibe).

4. Die Blumenkohl-Krümel mit Leinsamen, Johannisbrotkernmehl, Mandeln, Olivenöl und Salz zu einem breiigen Teig vermengen.

5. Den Backofen auf 180 °C Umluft vorheizen, den Rost mit Backpapier auslegen und darauf vier ca. ½ cm dicke Fladen aus dem Blumenkohl-Teig formen. Etwa 20 Minuten auf mittlerer Schiene leicht braun backen lassen.

6. Die Pizzaböden aus dem Backofen nehmen und auf einen Teller stürzen. Nun mit der gebräunten Seite nach unten erneut auf das Backpapier geben und mit passierten Tomaten, Oregano und Kirschtomaten belegen. Salzen und nach Belieben pfeffern. Nochmals für 5–10 Minuten in den Backofen geben.

7. Den Rucola auf der fertig gebackenen Pizza verteilen.

Kokos-Tofu-Curry

mit Gemüsenudeln

Nährwerte

kcal	kJ	prot	fett	carb

pro Portion

349	1469	9 g	24 g	12 g

Zutaten
Curry:
500 g Tofu
3 Knoblauchzehen
ca. 2 cm Ingwer
3 EL Olivenöl
200 ml Kokosmilch
1 EL rote Curry-
Gewürzpaste
1 Stange Zitronengras

Gemüsespaghetti:
100 g Zucchini
2 Stangen
Staudensellerie
2 Karotten
150 g Lauch
150 g Weißkohl
150 g Rotkohl
1 Zwiebel
1 EL Olivenöl
½ Handvoll Erdnüsse
Salz, Pfeffer
1 Handvoll frische
Korianderblätter,
geschnitten

Zubereitungszeit
30 Min.

1. Den Tofu in mundgerechte Stücke, den Knoblauch und Ingwer in dünne Scheiben schneiden.

2. Den Tofu in einer beschichteten Bratpfanne in etwas Öl etwa 3–5 Minuten scharf anbraten.

3. Ingwer und Knoblauch hinzufügen und kurz mit anbraten. Mit der Kokosmilch ablöschen und die Gewürzpaste dazugeben.

4. Das Zitronengras längs aufschneiden, 5–10 Minuten in dem Curry leicht köcheln lassen und anschließend wieder entfernen.

5. Zucchini, Staudensellerie, Karotten und Lauch waschen und putzen und mit dem Spiralschneider in Spaghetti zerteilen. Weiß- und Rotkohl sowie die Zwiebel mit einem scharfen Messer in dünne Scheiben schneiden.

6. Das restliche Olivenöl in einer zweiten Pfanne erhitzen und das Gemüse mit den Erdnüssen zusammen kurz rundum knackig anbraten. Mit Salz und Pfeffer würzen.

7. Die Gemüsespaghetti mit dem Tofu und den geschnittenen Korianderblättern anrichten.

Spargel-Mandelcremesuppe

Nährwerte

kcal	kJ	prot	fett	carb
pro Portion				
92	384	4 g	6 g	5 g

Zutaten
500 g Spargel
1 kleine Zwiebel
1 EL Rapsöl
500 ml Gemüsebrühe
150 ml Mandelmilch
100 ml Soja-Cuisine
1 EL Mandelmehl
1 Prise Muskat, gerieben
1 Spritzer Zitronensaft
Salz, Pfeffer
Mandelblättchen zum Dekorieren

Zubereitungszeit
30 Min.

1. Den Spargel schälen, die holzigen Enden entfernen und die Stangen in etwa 1 cm große Stücke schneiden.

2. Die Zwiebel schälen und in kleine Würfel schneiden. Das Rapsöl in einem großen Topf erhitzen und bei mittlerer Hitze die Zwiebelwürfel darin andünsten.

3. Die Spargelstücke dazugeben, einmal kurz umrühren und mit der Gemüsebrühe ablöschen. Etwa 15 Minuten köcheln lassen, bis der Spargel weich ist.

4. Die Mandelmilch sowie die Schlagsahne dazugeben und nochmals 3 Minuten köcheln lassen.

5. Das Mandelmehl in die Suppe geben. Mit dem Stabmixer fein pürieren.

6. Mit Muskat, Zitronensaft, Salz und Pfeffer abschmecken.

7. Die Suppe mit Mandelblättchen und etwas Pfeffer dekorieren.

Mediterran gefüllte Auberginen

Nährwerte

kcal	kJ	prot	fett	carb

pro Stück

230	980	10 g	16 g	12 g

Zutaten
4 Auberginen
1 Zitrone, entsaftet
3 EL Oregano, frisch
3 EL Rosmarin, frisch
3 EL Basilikum, frisch
4 Knoblauchzehen
1 rote Zwiebel
1 Handvoll Oliven, schwarz
6 Kirschtomaten
1 Zucchini
1 Handvoll Pinienkerne

1 EL Olivenöl
Salz, Pfeffer

Zubereitungszeit
40 Min.

1. Den Backofen auf 225 °C Ober-/Unterhitze vorheizen.

2. Die Auberginen waschen und halbieren. Dann mit einem Löffel das Fruchtfleisch vorsichtig so herausholen, dass ein 5 mm breiter Rand stehen bleibt. Die Auberginenhälften mit dem Zitronensaft bestreichen.

3. Die Kräuter waschen und fein hacken. Knoblauchzehen und Zwiebel schälen und klein schneiden. Die Oliven zerteilen.

4. Anschließend die Tomaten und Zucchini waschen und zusammen mit dem herausgelösten Auberginenfleisch würfeln.

5. Alle Zutaten mit den Kräutern, Oliven und Pinienkernen sowie mit dem Olivenöl gut vermengen und mit Salz und Pfeffer würzen.

6. Die Auberginenhälften damit befüllen, auf ein mit Backpapier ausgelegtes Backblech legen und auf mittlerer Schiene 15–20 Minuten überbacken.

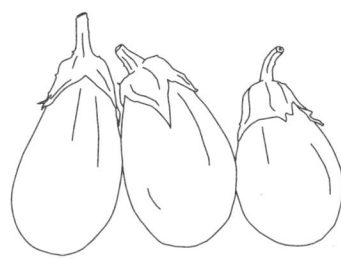

Fenchel-Apfelmuffins

mit Petersiliendip

Nährwerte

kcal	kJ	prot	fett	carb

pro Stück

376	1764	12 g	34 g	12 g

Zutaten
Muffins:
150 g Äpfel
(säuerliche Sorte)
150 g Karotten
150 g Fenchel
Ingwer (ca. 2 cm)
1 rote Zwiebel
100 g Leinsamen,
fein gemahlen
100 ml Wasser
30 ml Olivenöl
100 ml Sojajoghurt
100 g Walnüsse,
fein gehackt
1 Msp. Salz
1 EL Johannis-
brotkernmehl

Dip:
500 ml Sojajohurt
1 EL Senf
1 EL Zitronensaft
1 Bund Petersilie,
gehackt
Salz, Pfeffer

Zubereitungszeit
60 Min.

1. Für den Dip 500 ml Joghurt über Nacht in Kaffeefiltern (in ein Sieb gestellt) abtropfen lassen.

2. Papierförmchen in das Muffinblech setzen oder die Mulden dünn mit Öl ausstreichen. Den Backofen auf 200 °C vorheizen.

3. Die Äpfel und Karotten grob raspeln, den Fenchel fein würfeln, den Ingwer und die Zwiebel reiben. Den Leinsamen im Wasser 5 Minuten quellen lassen, dann mit Olivenöl und 100 ml Sojajoghurt verrühren. Äpfel, Karotten, Fenchel, Ingwer, Zwiebel und Walnüsse gut vermischen, vorsichtig salzen und mit dem Leinsamengemisch und dem Johannisbrotkernmehl vermengen.

4. Die Muffinformen mit dem Teig befüllen, mit einer Gabel etwas eindrücken und 35–40 Minuten auf der 2. Schiene von unten backen. Aus der Form nehmen und die Papierförmchen eventuell abziehen.

5. Den abgetropften Joghurt mit Senf, Zitronensaft, Petersilie, Salz und Pfeffer verrühren und als Dip zu den Muffins reichen.

Blumenkohlterrine

mit Chia-Kaviar

Nährwerte

kcal	kJ	prot	fett	carb

pro Portion

40	170	3 g	1 g	3 g

Zutaten
Terrine:
400 g Blumenkohl
150 ml Wasser
1 Zitrone, entsaftet
1 TL Johannis-
brotkernmehl
¼ TL Muskatnuss,
gemahlen
1 Msp. Kümmel,
gemahlen
Salz, Pfeffer

Chia-Kaviar:
1 Noriblatt, 10 x 10 cm
2 EL Chiasamen
100 ml Wasser
¼ TL Senf, ungesüßt
2 EL Sojasauce
1 Prise Chilipulver
Salz

Zubereitungszeit
30 Min. + Kühlzeit

1. Den Blumenkohl waschen, den Strunk abschneiden und den Kohl in Röschen teilen. Das Wasser in einem Topf erhitzen, den Zitronensaft hinzugeben und den Blumenkohl darin bissfest garen. Durch ein Sieb abgießen und das Kochwasser dabei in einem Gefäß auffangen. Den Blumenkohl kalt abbrausen und in einem Mixgefäß grob mit dem Stabmixer pürieren.

2. Das Kochwasser mit dem Stärkemehl verrühren, aufkochen und das Blumenkohlpüree einrühren. Die Temperatur zurückschalten und unter Rühren köcheln lassen, bis das Püree eindickt. Mit Muskat, Kümmel, Salz und Pfeffer würzen. Abkühlen lassen, dabei hin und wieder mit einer Gabel vorsichtig durchrühren.

3. Für den Chia-Kaviar das Noriblatt mit einer Schere klein schneiden, mit Chiasamen und Wasser vermengen, und mit Senf, Sojasauce, Chili und Salz abschmecken. Kühl stellen.

4. Servierringe (6,5 cm) mit kaltem Wasser ausspülen und auf kleine Teller setzen. Das Püree dreiviertel hoch einfüllen. Mit einem Löffel festdrücken und mit Chia-Kaviar auffüllen. Für ca. 4 Stunden in den Kühlschrank stellen (oder auch über Nacht).

5. Die Ringe vor dem Servieren vorsichtig entfernen.

Tipp:

Dazu passt wunderbar frischer Feldsalat.

Brokkolipäckchen

mit Chili-Mayonnaise

Nährwerte

kcal	kJ	prot	fett	carb

pro Portion

kcal	kJ	prot	fett	carb
428	1793	13 g	37 g	10 g

Zutaten
Päckchen:
1 Wirsing
2 Brokkoli
200 g Schalotten
8 Knoblauchzehen
100 g Sonnen-
blumenkerne
1 EL Sonnenblumenöl
Salz, Pfeffer

Küchengarn

Chili-Mayonnaise:
100 ml Mayonnaise,
vegan
½ TL Zitronensaft
½ TL Senf, ungesüßt
2 Knoblauchzehen
Chilipulver (nach
Belieben)
Salz, Pfeffer
1 rote Chilischote
zum Garnieren

Zubereitungszeit
30 Min.

1. Die Wirsingblätter vom Strunk lösen und die harten Teile herausschneiden. Wasser in einem großen Topf erhitzen, salzen und die Blätter kurz darin blanchieren. Kalt abbrausen und zum Trocknen auslegen.

2. Die Brokkoli in Röschen teilen und in kochendem Wasser 3 – 4 Minuten blanchieren.

3. Anschließend die Schalotten und den Knoblauch schälen und fein hacken.

4. Die Sonnenblumenkerne ohne Fett in einer beschichteten Pfanne rösten, dann hacken.

5. Den Brokkoli mit dem Stabmixer grob zerkleinern und mit Schalotten, Knoblauch und Sonnenblumenkernen mischen. Mit dem Öl vermengen und mit Salz und Pfeffer kräftig abschmecken.

6. Die Wirsingblätter mit dieser Gemüsefüllung füllen, jeweils die Enden zusammennehmen und mit dem Küchengarn verschließen. Wasser aufkochen, die Päckchen ca. 5 Minuten darin ziehen lassen.

7. Für die Chili-Mayonnaise alle Zutaten gut verrühren.

8. Die Päckchen vorsichtig aus dem Wasser nehmen und mit der Chili-Mayonnaise und der in Ringe geschnittenen Chilischote (Kerne entfernen!) anrichten.

Nusstofu im Zucchinimantel
auf Cranberry-Spiegel

Nährwerte

kcal	kJ	prot	fett	carb
pro Portion				
420	1760	18 g	34 g	10 g

Zutaten

Tofu:
2 EL Walnussöl
4 EL Zitronensaft
1 Prise Chilipulver
Salz, Pfeffer
300 g Tofu
100 g Walnüsse
2 Zucchini
8 Knoblauchzehen
einige Stängel Basilikum
2 EL Olivenöl
Zahnstocher

Cranberry-Spiegel:
½ kleine Zwiebel
100 g Cranberries, frisch
1 Lorbeerblatt
¼ Liter Wasser
6 Spritzer Süßstoff
1 EL Margarine

Zubereitungszeit
50 Min. + Kühlzeit

1. Aus dem Walnussöl mit Zitronensaft, Chilipulver, Salz und Pfeffer eine Marinade anrühren.

2. Den Tofu in 16 gleich große Würfel schneiden und rundum mit der Marinade bestreichen. Mindestens 2 Stunden durchziehen lassen.

3. Die Walnüsse mittelfein hacken und in einer beschichteten Pfanne ohne Öl rösten. Dabei umrühren.

4. Die Zucchini der Länge nach in 16 flache Streifen schneiden. Salzen und pfeffern und jeden Streifen mit einer halben gehackten Knoblauchzehe sowie 2-3 Basilikumblättern belegen. Die Tofuwürfel etwas abtupfen und in die vorbereiteten Zucchinistreifen einwickeln. Die Enden mit Zahnstochern fixieren.

5. 2 EL Olivenöl in einer großen Bratpfanne erhitzen, und die Zucchiniwickel rundum darin anbraten. Mit den Walnüssen bestreuen.

6. Für den Cranberry-Spiegel die Zwiebel schälen und in kleine Würfel schneiden. Cranberries, Lorbeerblatt und Wasser hinzufügen und ungefähr 10 Minuten köcheln lassen, bis die Sauce etwa zur Hälfte eingekocht ist. Nach Belieben mit Süßstoff abschmecken. Das Lorbeerblatt entfernen. Mit dem Pürierstab eine cremige Sauce herstellen. Zum Schluss die Margarine mit dem Schneebesen einrühren, bis sie sich aufgelöst hat und die Sauce sämig wird.

Frikadelle mit Erdnusssauce

Nährwerte

kcal	kJ	prot	fett	carb
pro Portion				
310	1300	19 g	22 g	9 g

Zutaten
Frikadelle:
100 g Lauch
1 rote Chilischote
1–2 Karotten
2 Kräuterseitlinge
(oder 5 Champignons)
8 g Leinsamen,
gemahlen 50 ml
Wasser
1 EL Erdnussöl
300 g Tofu
2 TL Chiasamen
½ Bund Koriander,
gehackt
1 EL Johannis-
brotkernmehl
2 EL Weizenkleie
½ TL Salz
Pfeffer
3 EL Öl zum Braten

Sauce:
5 EL Erdnussmus,
ungesüßt und
ungesalzen
1 EL Sojasauce
1 EL Limettensaft
120 ml Kokosmilch
1 Spritzer Süßstoff
Salz, Pfeffer

Zubereitungszeit
35 Min.

1. Den Lauch und die entkernte Chilischote in Ringe schneiden, die Karotten klein würfeln. Die Pilze säubern und in Scheiben schneiden (größere Pilze nochmals zerkleinern). Den Leinsamen 5 Minuten im Wasser quellen lassen, dann mit dem Erdnussöl vermengen.

2. In der Zwischenzeit für die Sauce das Erdnussmus mit Sojasauce, Limettensaft und Kokosmilch verrühren und mit Süßstoff, Salz und Pfeffer abschmecken.

3. Anschließend den Tofu in eine Schüssel bröseln, mit Pilzen, Gemüse und Chiasamen mischen. Gehackten Koriander, Leinsamengemisch, Johannisbrotkernmehl und Weizenkleie dazugeben, mit Salz und Pfeffer würzen und alles gut vermengen. Mit nassen Händen 8 Frikadellen formen.

4. Das Öl in eine beschichtete Pfanne geben und die Frikadellen darin rundum knusprig braun braten. Auf Küchenkrepp entfetten.

5. Die Frikadellen mit der Sauce servieren.

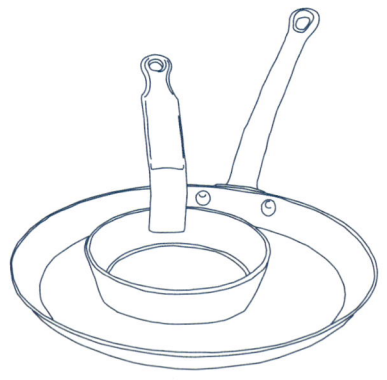

Panna Cotta weiß und schoko
mit Himbeerpüree

Nährwerte

kcal	kJ	prot	fett	carb
pro Portion				
300	1240	4 g	24 g	16 g

Zutaten
Panna Cotta:
200 ml Sojasahne
300 ml Mandelmilch
1 TL Bourbonvanille
1 Spritzer Süßstoff
1 TL Agar-Agar

Für die Schoko-variante:
Zusätzlich: 80 g
Schokolade (80%) im
Wasserbad schmelzen

Himbeerpüree:
250 g Himbeeren,
frisch
½ Zitrone, entsaftet
Süßstoff, flüssig
(nach Geschmack)
4 Minzblätter
(optional)

Zubereitungszeit
20 Min. + Kühlzeit

1. Die Schlagsahne mit Mandelmilch, Vanille, Süßstoff und Agar-Agar unter Rühren aufkochen und 10 Minuten leicht köcheln lassen. Dabei immer wieder umrühren, da die Mischung schnell am Kochtopfboden ansetzt.

2. Für die Schokovariante die gekochte Milchsahne mit der geschmolzenen Schokolade verrühren. Im Weiteren mit dieser Variation ebenso verfahren wie mit der ursprünglichen weißen.

3. Die Masse in gut ausgespülte, kalte Förmchen füllen und für mindestens 6 Stunden in den Kühlschrank stellen.

4. Für das Himbeerpüree die frischen Beeren mit einer Gabel zerdrücken. Wer es gerne cremiger mag, kann auch den Pürierstab verwenden. Zitronensaft und Süßstoff dazugeben und alles gut vermengen.

5. Die Panna Cotta im Glas oder auf Tellerchen gestürzt mit den pürierten Himbeeren sowie, nach Belieben, mit je einem Minzblatt dekoriert servieren.

Mousse au Chocolat

Nährwerte

kcal	kJ	prot	fett	carb

pro Portion

230	960	6 g	14 g	20 g

Zutaten
150 g Schoko-
lade (80%)
200 g Seidentofu
½ TL Bourbonvanille
1 Spritzer Süßstoff
1 TL Rum (optional)

Zubereitungszeit
15 Min. + Kühlzeit

1. Die Schokolade im Wasserbad schmelzen lassen.

2. In der Zwischenzeit den Seidentofu mit der Vanille und dem Süßstoff pürieren.

3. Die Schokolade leicht abkühlen lassen, dann mit dem Seidentofu vermengen.

4. Nach Belieben die Mousse mit Rum verfeinern.

5. In einen Behälter füllen und mindestens 2 Stunden kühlen.

6. Je nach gewünschter Größe mit zwei befeuchteten, kalten Tee- oder Esslöffeln Gnocchi formen. Nach Belieben mit frischen Früchten anrichten.

Melonen-Granitas

Nährwerte

kcal	kJ	prot	fett	carb
pro Portion				
40	180	1 g	0 g	9 g

Im Gegensatz zum cremigen Sorbet hat die Granita eine kristalline Konsistenz.

Zutaten
300 g Wassermelone
1 Limette, entsaftet
4 Stängel Pfeffer-
minze, fein gehackt
einige Minzblätter
für die Deko

Zubereitungszeit
15 Min. + Kühlzeit

1. Die Schale und die Kerne der Melone entfernen. Das Fruchtfleisch in Würfel schneiden. Einige Stücke in den Kühlschrank geben, da sie für die Deko gebraucht werden.

2. Das Fruchtfleisch zusammen mit dem Limettensaft und der Minze in einem hohen Gefäß mit dem Stabmixer pürieren.

3. Alles durch ein Sieb streichen und den gewonnen Melonen-Limettensaft in einem flachen Gefäß in den Gefrierschrank stellen.

4. Innerhalb der nächsten 6–8 Stunden stündlich mit einer Gabel durchrühren (dafür am besten einen Wecker stellen).

5. In Gläser füllen, mit Wassermelonenstückchen und frischen Minzblättern dekorieren und rasch servieren.

Tipp:
Auch Honigmelonen eignen sich für dieses erfrischende Dessert und haben nur minimal mehr Kohlenhydrate als die Wassermelonen.

Cremiges Heidelbeer-Nuss-Eis

Nährwerte

kcal	kJ	prot	fett	carb
pro Portion				
220	910	5 g	20 g	5 g

Zutaten
200 g Heidelbeeren,
tiefgekühlt
150 ml Sojasahne
1 Msp. Vanille
¼ TL Stevia
50 g Mandelmehl,
entölt
1 TL Nussmus
frische Beeren oder
gehackte Nüsse für
die Deko (optional)

Zubereitungszeit
15 Min. + Kühlzeit

1. Die gefrorenen Beeren zusammen mit der Sojasahne, der Vanille und dem Stevia in ein hohes Gefäß geben und mit dem Stabmixer pürieren.

2. Nach und nach Mandelmehl und Nussmus dazugeben und weiter pürieren, damit sich alle Zutaten gut vermengen.

3. Das Beerengemisch in eine flache Form füllen und für einige Stunden in den Gefrierschrank stellen. Zwischendurch immer wieder mit einer Gabel durchrühren, damit es nicht zu fest gefriert. Eine besonders cremige Konsistenz bekommt das Eis, wenn man es im Laufe der Kühlzeit mindestens ein weiteres Mal püriert.

4. Zum Servieren das fertige Eis in Schalen füllen und mit ein paar frischen Beeren dekorieren.

Marzipan-Kokospralinen

Nährwerte

kcal	kJ	prot	fett	carb

pro Portion

318	1329	9 g	30 g	3 g

Zutaten
150 g Mandeln,
gemahlen
50 g Kokosraspel
1 TL Süßstoff, flüssig
3 Tropfen Cointreau
50 ml Wasser
3 EL Kakaopulver, roh

Zubereitungszeit
15 Min.

1. Die Mandeln mit den Kokosraspeln vermengen.

2. Süßstoff, Cointreau und Wasser dazugeben und mit den trockenen Zutaten gut verkneten.

3. Das Kakaopulver auf einen kleinen, flachen Teller geben.

4. Mit feuchten Händen Pralinen formen und diese rundum im Kakaopulver wälzen.

5. Bis zum Verzehr in einem gut verschließbaren Behälter kühl aufbewahren.

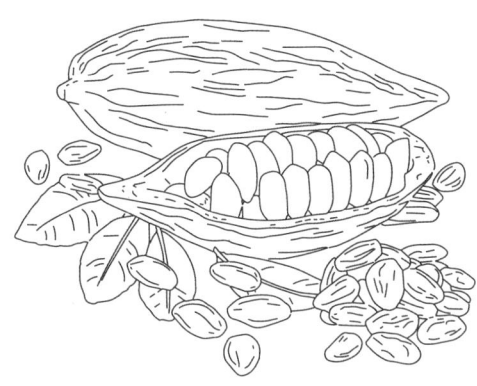

Wärmender

Ingwer-Feldsalat-Smoothie

Nährwerte

kcal	kJ	prot	fett	carb
pro Portion				
100	430	2 g	7 g	9 g

Wer cremige Shakes bevorzugt, sollte immer ungesüßten Mandeldrink anstelle des Wassers verwenden. Er besticht durch seinen niedrigen Kohlenhydratanteil.

Zutaten
4 Handvoll Feldsalat
½ Birne
1 Avocado
1 Orange
2 cm Ingwer, frisch
½ cm Kurkuma, frisch
½ TL Leinsamenöl
450 ml Wasser
Süßstoff, flüssig
(nach Belieben)

Zubereitungszeit
10 Min.

1. Den Feldsalat waschen. Die Birne ebenfalls waschen, vom Kerngehäuse befreien und in Stücke schneiden.

2. Die Avocado schälen, entkernen und grob zerkleinern. Die Orange schälen und zerteilen.

3. Anschließend Ingwer und Kurkuma schälen und grob zerkleinern.

4. Die vorbereiteten Zutaten mit dem Leinsamenöl und dem Wasser zu einem cremigen Smoothie mixen.

5. Nach Belieben mit flüssigem Süßstoff süßen.

Tipp: Grüne Smoothies passen wegen ihres geringen Kohlenhydratanteils wunderbar zu einer Low-Carb Ernährung. Es fällt jedoch schwer, anfangs reine Gemüse-Smoothies zu trinken. Daher zuerst mit Obst mischen und dann langsam den Obstanteil (und somit den Kohlenhydratanteil) immer weiter reduzieren.

Gurken-Minze-Lassi

Nährwerte

kcal	kJ	prot	fett	carb

pro Portion

50	210	4 g	2 g	3 g

Zutaten
1 Salatgurke
1 Handvoll
Minze, frisch
½ Limette, entsaftet
400 ml Sojajoghurt
½ TL Kreuzkümmel,
gemahlen
1 Prise Salz

Zubereitungszeit
5 Min.

1. Die Gurke schälen und in grobe Stücke schneiden.

2. Die Minze waschen und grob hacken.

3. Anschließend alle Zutaten entweder im Standmixer oder mit dem Stabmixer pürieren, bis eine cremige Konsistenz erreicht ist.

Selbstgemachte Rhabarberschorle

Nährwerte

kcal	kJ	prot	fett	carb

pro Portion

10	50	1 g	0 g	1 g

Rhabarbersaftschorle, die es fertig zu kaufen gibt, ist meistens mit Zucker ge-süßt und daher nicht für eine Low-Carb-Ernährung geeignet. Verzichten muss man dennoch nicht darauf, da diese recht einfach selbst herzustellen ist.

Zutaten
½ kg Rhabarber
200 ml Wasser
1 Zitrone, entsaftet
Süßstoff, flüssig
(nach Belieben)
Mineralwasser
zum Aufgießen

Zubereitungszeit
30 Min.+ Kühlzeit

1. Den Rhabarber putzen, waschen und in Stücke schnei-den. Dabei die holzigen Enden entfernen.

2. Das Wasser in einem Topf erhitzen, den Zitronensaft und die Rhabarberstücke dazugeben und köcheln lassen, bis der Rhabarber schön weich ist.

3. Das Ganze über Nacht an einem kühlen Ort stehen las-sen.

4. Am nächsten Tag durch ein Leinentuch abseihen.

5. Mit Süßstoff abschmecken

6. Zum Servieren nach Belieben mit Mineralwasser (z. B. 50/50) aufgießen und kalt genießen.

Rooibo-Cino

Nährwerte

kcal	kJ	prot	fett	carb
pro Portion				
50	220	2 g	2 g	4 g

Wenn man koffeinhaltige Getränke zu sich nimmt, kommt es auch zu einer Insulin-ausschüttung, die den Blutzuckerspiegel abfallen lässt, was bei einer Low-Carb-Ernährung nicht erwünscht ist. Roiboostee ist koffeinfrei, und damit ist diese Variante auf jeden Fall einen Versuch wert.
Wer nicht auf seinen Kaffee verzichten möchte, sollte ihn ohne Zucker oder mit Sahne konsumieren.

Zutaten
500 ml Rooibostee
500 ml Sojamilch
Süßstoff, flüssig
(nach Belieben)

Zubereitungszeit
10 Min.

1. Den Rooibostee nach Packungsanleitung zubereiten.

2. Für die typische Milchschaumhaube die Sojamilch erwärmen und aufschäumen.

3. Die Tassen zur Hälfte mit Tee füllen und die geschäumte Sojamilch hinzufügen.

4. Mit Süßstoff nach Geschmack süßen.

Ginger Ale

Nährwerte

kcal	kJ	prot	fett	carb

pro Portion

10	60	0 g	0 g	3 g

Die ingwerhaltige Limonade gibt es meist nur in der mit Zucker gesüßten Variante zu kaufen. Selber- und Bessermachen ist daher die Devise!

Zutaten
ca. 1 cm Ingwer
1 Limette, entsaftet
einige EL Wasser
einige Stängel Melisse
oder Zitronenmelisse
1000 ml Mineralwasser
Süßstoff, flüssig
(nach Belieben)
Limettenscheiben
oder einige Minz-
blätter für Deko

Zubereitungszeit
10 Min. + Kühlzeit

1. Ingwer schälen und fein hacken.

2. Den Ingwer zusammen mit Limettensaft und Wasser pürieren. Die Blätter der Melisse dazugeben und einige Stunden im Kühlschrank ziehen lassen.

3. Anschließend alles durch ein Sieb streichen, damit faserige Anteile des Ingwers und die Blätter nicht im Getränk verbleiben.

4. Das Mineralwasser unter behutsamem Rühren sehr langsam dazugeben, damit das Ganze nicht überschäumt.

5. Gekühlt und mit Limettenscheiben oder Minzblättern dekoriert servieren.

Register

36 Blumenkohlterrine mit Chia-Kaviar

38 Brokkolipäckchen mit Chili-Mayonnaise

50 Cremiges Heidelbeer-Nuss-Eis

34 Fenchel-Apfelmuffins mit Petersiliendip

42 Frikadelle mit Erdnusssauce

62 Ginger Ale

56 Gurken-Minze-Lassi

18 Heidelbeermuffins

16 Himbeer-Chia-Pudding

8 Knusper-Müsli

28 Kokos-Tofu-Curry mit Gemüsenudeln

24 Kräuterseitling-Sandwiches mit veganem Frischkäse

14 Kürbiskernbrot

32 Mediterran gefüllte Auberginen

48 Melonen-Granitas

46 Mousse au Chocolat

10 Nuss-Kokos-Riegel

12 Nuss-Nougat-Aufstrich mit Mohnbrötchen

40 Nusstofu im Zucchinimantel auf Cranberry-Spiegel

44 Panna Cotta weiß und schoko mit Himbeerpüree

20 Papayasalat auf Selleriesteak

26 Pizza Rucola mit Blumenkohl-Boden

60 Rooibo-Cino

22 Sauerkraut-Avocado-Gurken-Makis

58 Selbstgemachte Rhabarberschorle

30 Spargel-Mandelcremesuppe

6 Veganes Rührei

54 Wärmender Ingwer-Feldsalat-Smoothie

Impressum

© Neun Zehn Verlag Walter Unterweger
Kreuzstraße 21, 13187 Berlin-Germany
www.neunzehn-verlag.de

1. Auflage 2015
ISBN 978-3-942491-55-6
Printed 2015

Rezepte: Vito Kalt
Fotografie: Arnold Pöschl

Satz: Satz- & Verlagsservice Ulrich Bogun
Lektorat: Dana Hübeler
Illustrationen: Nessa Horn

Hinweis: Die Inhalte dieses Buches wurden vom Autor nach bestem Wissen erstellt und mit größtmöglicher Sorgfalt recherchiert. Sie bieten keinen Ersatz für kompetenten medizinischen Rat. Die Empfehlungen in diesem Buch erfolgen ohne jegliche Gewährleistung oder Garantie seitens des Verlages oder des Autors. Weder Autor noch Verlag können für eventuelle Nachteile oder Schäden, die aus den im Buch gegebenen Hinweisen resultieren, eine Haftung übernehmen.